AF289066

Impressum
Verlag: BABADADA GmbH, Nedderfeld 112 , 22529 Hamburg
Geschäftsführer / Verlagsleitung: Harald Hof
Druck: Books on Demand GmbH, In de Tarpen 42, 22848 Norderstedt

Imprint
Publisher: BABADADA GmbH, Nedderfeld 112 , 22529 Hamburg, Germany
Managing Director / Publishing direction: Harald Hof
Print: Books on Demand GmbH, In de Tarpen 42, 22848 Norderstedt

mekdep

école

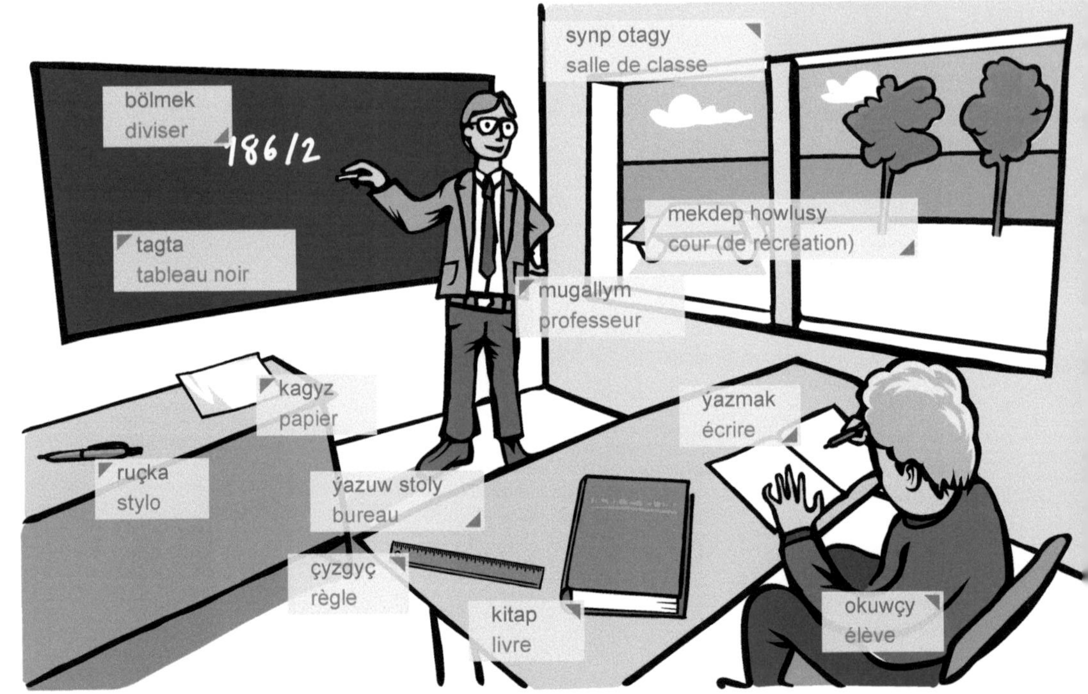

synp otagy
salle de classe
bölmek
diviser
186/2
tagta
tableau noir
mekdep howlusy
cour (de récréation)
mugallym
professeur
kagyz
papier
ýazmak
écrire
ruçka
stylo
ýazuw stoly
bureau
çyzgyç
règle
kitap
livre
okuwçy
élève

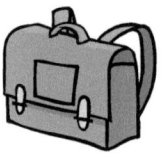

ranes

cartable

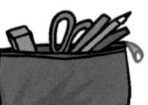

penal

trousse

galam

crayon

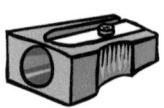

galam artylýan

taille-crayon

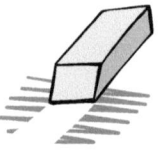

bozguç

gomme

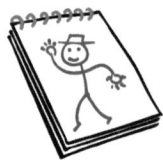

surat çekmek üçin albom

carnet à dessin

surat

dessin

çotgajyk

pinceau

reňkli guty

boîte de peinture

gaýçy

ciseaux

ýelim

colle

depder

cahier d'exercices

öý işi

devoirs

san

chiffre

goşmak

additionner

aýyrmak

soustraire

köpeltmek

multiplier

hasaplamak

calculer

harp

lettre

elipbiý

alphabet

söz

mot

tekst

texte

okamak

lire

hek

craie

sapak

leçon

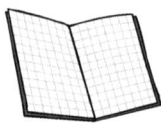

synp dergisi

livre de classe

synag

examen

diplom

certificat

mekdep lybasy

uniforme scolaire

bilim

formation

ensiklopediýa

lexique

uniwersitet

université

mikroskop

microscope

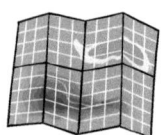

karta

carte

kagyz üçin sebet

corbeille à papier

syýahat
voyage

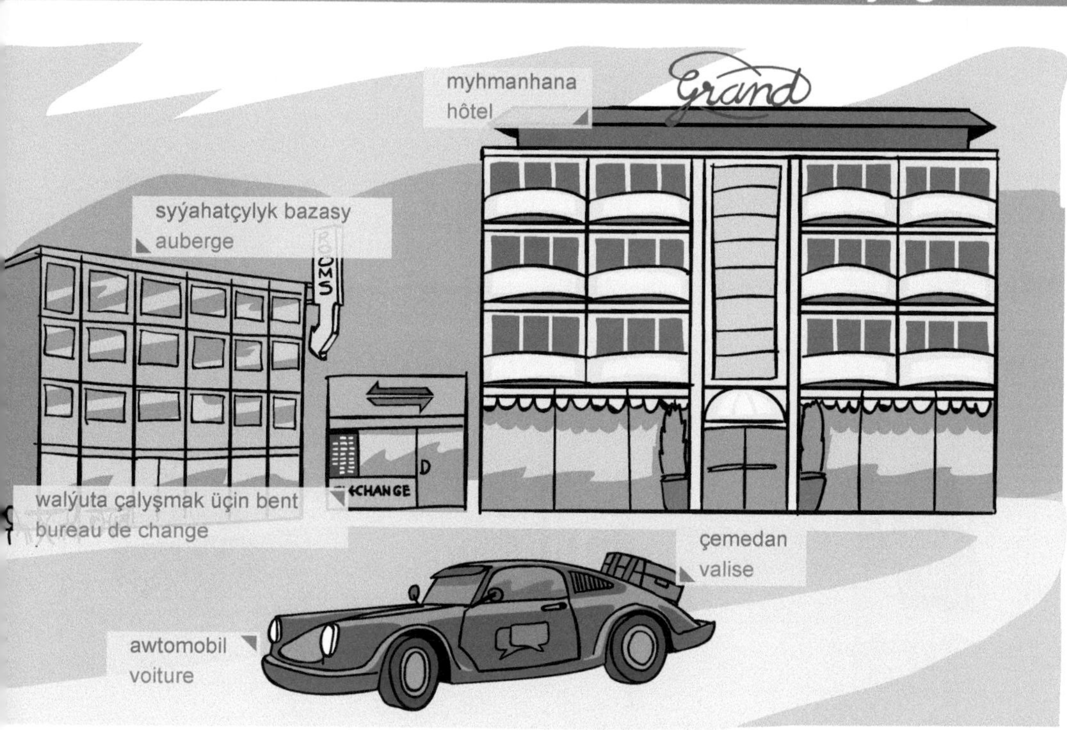
myhmanhana
hôtel
Grand
syýahatçylyk bazasy
auberge
walýuta çalyşmak üçin bent
bureau de change
çemedan
valise
awtomobil
voiture

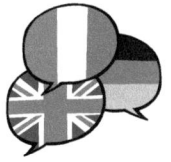

dil
langue

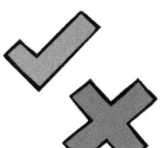

hawwa / ýok
oui / non

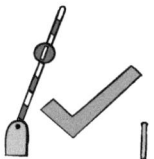

bolýa
d'accord

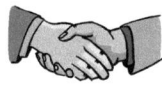

salam
Salut

terjimeçi
interprète

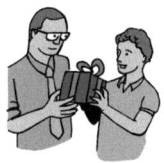

Minnetdar
merci

bahasy näçe?

Combien coûte...?

men düşünmeýärin

Je ne comprends pas

mesele

problème

Agşamyňyz haýyr!

Bonsoir !

Ertiriňiz haýyrly!

Bonjour !

Gijäňiz rahat bolsun!

Bonne nuit !

görüşýänçäk

Au revoir

ugur

direction

ýük

bagages

torba

sac

eginden asylýan torba

sac-à-dos

myhman

hôte

otag

pièce

halta ýorgan

sac de couchage

çadyr

tente

syýahatçylyk maglumaty

office de tourisme

kenarýaka

plage

karz karty

carte de crédit

ertirlik

petit-déjeuner

günortanlyk

déjeuner

agşamlyk

dîner

petek

billet

lift

ascenseur

poçta markasy

timbre

çäk

frontière

gümrük

douane

ilçihana

ambassade

wiza

visa

pasport

passeport

ulag
transport

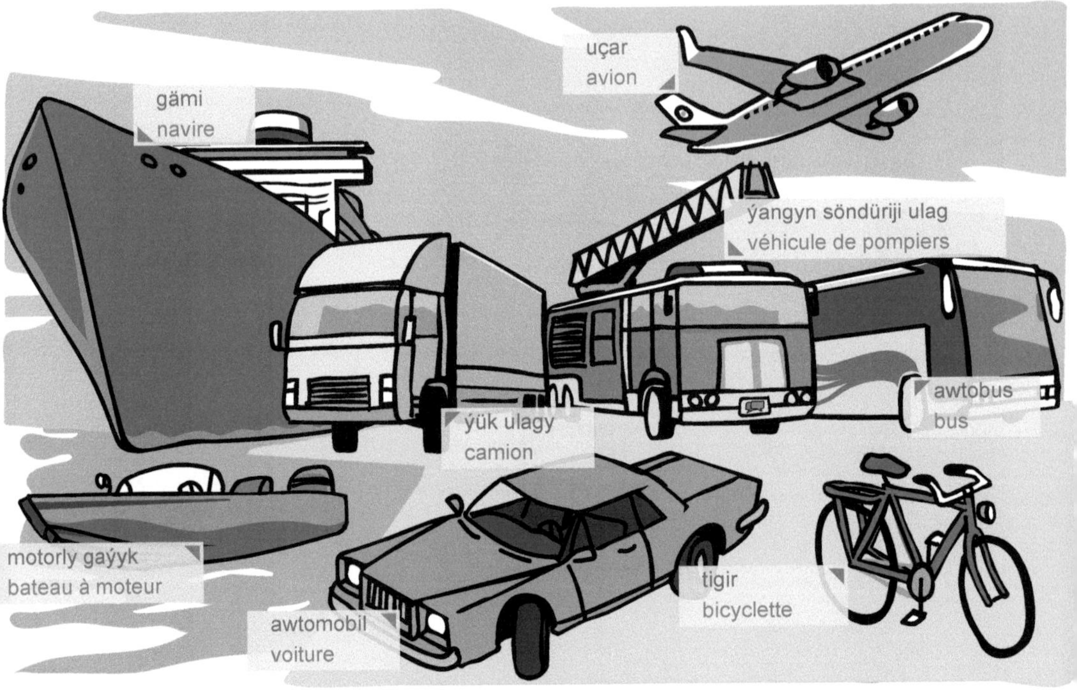

uçar
avion
gämi
navire
ýangyn söndüriji ulag
véhicule de pompiers
awtobus
bus
ýük ulagy
camion
motorly gaýyk
bateau à moteur
tigir
bicyclette
awtomobil
voiture

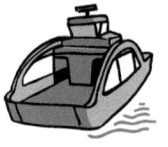

parom

ferry

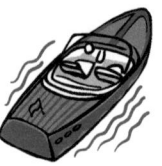

gaýyk

barque

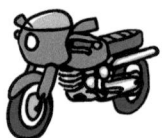

motosikl

moto

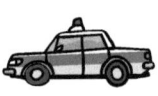

polisiýa ulagy

voiture de police

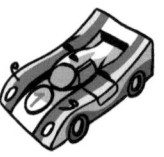

çapyşyk

voiture de course

kärendä alnan ulga

voiture de location

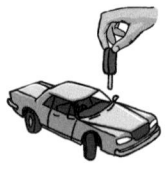

ulagy bilelikde ulanmak

auto-partage

tirkeg ulagy

voiture de remorquage

zir-zibil daşaýan ulag

benne à ordures

hereketlendiriji

moteur

ýangyç

essence

guýma

station d'essence

ýol belgisi

panneau indicateur

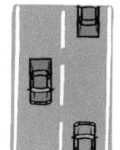

hereket

trafic

dyky

embouteillage

awtoduralga

parking

menzil

gare

seplem

rails

otly

train

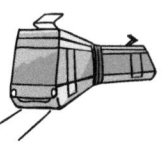

tramwaý

tramway

wagon

wagon

dik uçar

hélicoptère

howa menzili

aéroport

minara

tour

ýolagçy

passager

konteýner

conteneur

guty

carton

araba

chariot

sebet

corbeille

uçmak / gonmak

décoller / atterrir

şäher

ville

oba

village

şäher merkezi

centre-ville

öý

maison

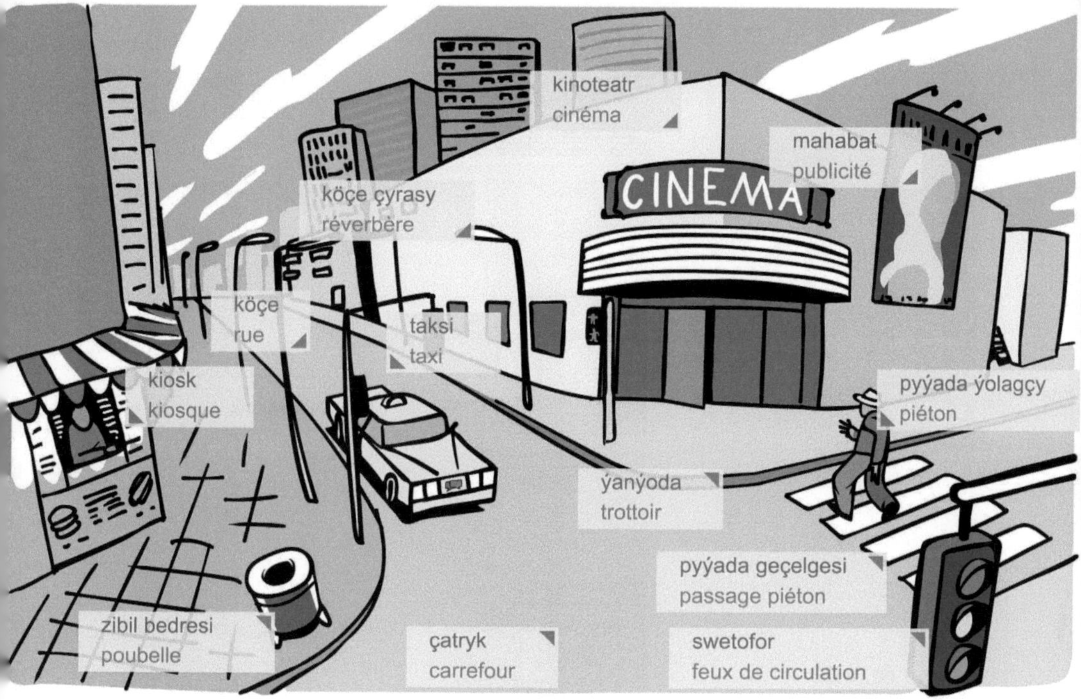
kinoteatr
cinéma
mahabat
publicité
CINEMA
köçe çyrasy
réverbère
köçe
rue
taksi
taxi
kiosk
kiosque
pyýada ýolagçy
piéton
ýanýoda
trottoir
pyýada geçelgesi
passage piéton
zibil bedresi
poubelle
çatryk
carrefour
swetofor
feux de circulation

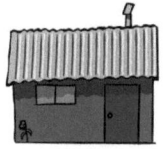

kepbe

cabane

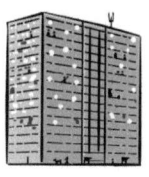

öý

appartement

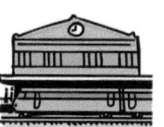

menzil

gare

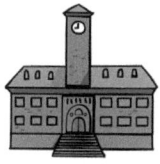

şäher häkimligi

mairie

MUSEUM

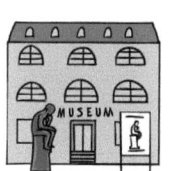

muzeý

musée

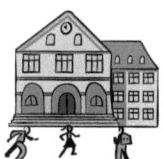

mekdep

école

uniwersitet

université

bank

banque

hassahana

hôpital

myhmanhana

hôtel

dermanhana

pharmacie

ofis

bureau

kitap dükany

librairie

dükan

magasin

gül dükany

fleuriste

supermarket

supermarché

bazar

marché

uniwermag

grand magasin

balyk söwdagäri

poissonnerie

söwda merkezi

centre commercial

port

port

park

parc

oturgyç

banque

köpri

pont

merdiwan

escaliers

metro

métro

ötük

tunnel

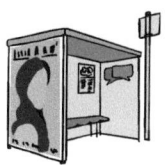

awtobus

arrêt de bus

bar

bar

restoran

restaurant

poçta gutusy

boîte à lettres

köçäni adyny görkezýän
ýazgy

panneau indicateur

parkometr

parcmètre

haýwanat bagy

zoo

basseýn

piscine

metjit

mosquée

ferma

ferme

daşky gurşawyň
hapalanmagy

pollution

gonamçylyk

cimetière

buthana

église

çaga meýdançasy

aire de jeux

ybadathana

temple

landşaft

paysage

ýaprak
feuille

ýol görkeziji
panneau indicateur

ýol
chemin

ýaýla
pré

daş
pierre

syýahatçy
randonneur

agaç
arbre

derýa
rivière

ot
herbe

gül
fleur

dere
vallée

dag
montagne

köl
lac

tokaý
forêt

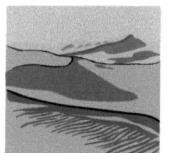

çöl
désert

wulkan
volcan

gulp
château

älemgoşar
arc-en-ciel

kömelek
champignon

palma agajy
palmier

çybyn
moustique

sinek
mouche

garynja
fourmis

bal arysy
abeille

möý
araignée

tomzak

coléoptère

gurbaga

grenouille

awusiýdik

écureuil

kirpi

hérisson

towşan

lièvre

baýguş

chouette

guş

oiseau

guw

cygne

ýekegapan

sanglier

sugun

cerf

los

élan

bent

barrage

şemal generatory

éolienne

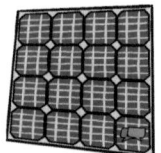

gün batareýasy

panneau solaire

howa

climat

restoran
restaurant

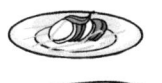

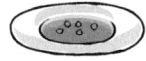

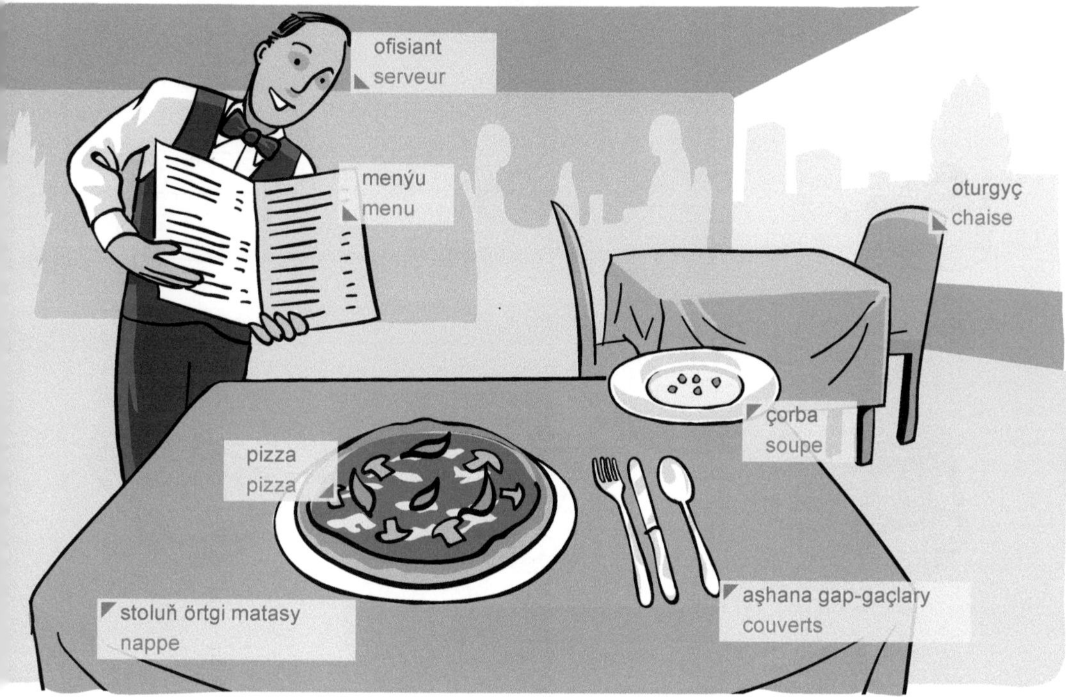

ofisiant
serveur
menýu
menu
oturgyç
chaise
çorba
soupe
pizza
pizza
aşhana gap-gaçlary
couverts
stoluň örtgi matasy
nappe

garbanma
hors d'œuvre

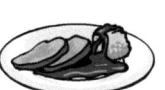

esasy tagam
plat principal

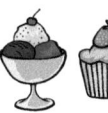

süýjülik
dessert

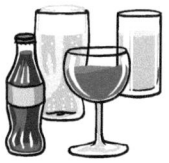

içgiler
boissons

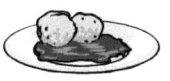

nahar
alimentation

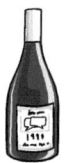

süýşe
bouteille

tiz tagam

fast-food

köçe iýmiti

plats à emporter

çäýnek, kitir

théière

şeker gaby

sucrier

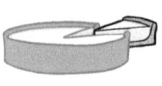

porsiýa

portion

kofe gaýnadyjy

machine à expresso

çaga oturgyjy

chaise haute

hasap

facture

mejme

plateau

pyçak

couteau

çarşak

fourchette

çemçe

cuillère

çaý çemçesi

cuillère à thé

salfetka

serviette

bulgur

verre

tarelka

assiette

çorba tarelkasy

assiette à soupe

tabajyk

soucoupe

sous

sauce

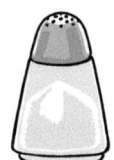

duz gaby

salière

burçy üweýji

moulin à poivre

sirke

vinaigre

ýag

huile

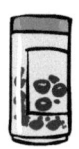

huruş

épices

ketçup

ketchup

gorçisa

moutarde

maýonez

mayonnaise

supermarket
supermarché

ýörite teklip
offre promotionnelle
alyjy
client
FOR
süýt önümleri
produits laitiers
miweler
fruits
satyn alnan zatlar üçin araba
chariot

BUTCHERS

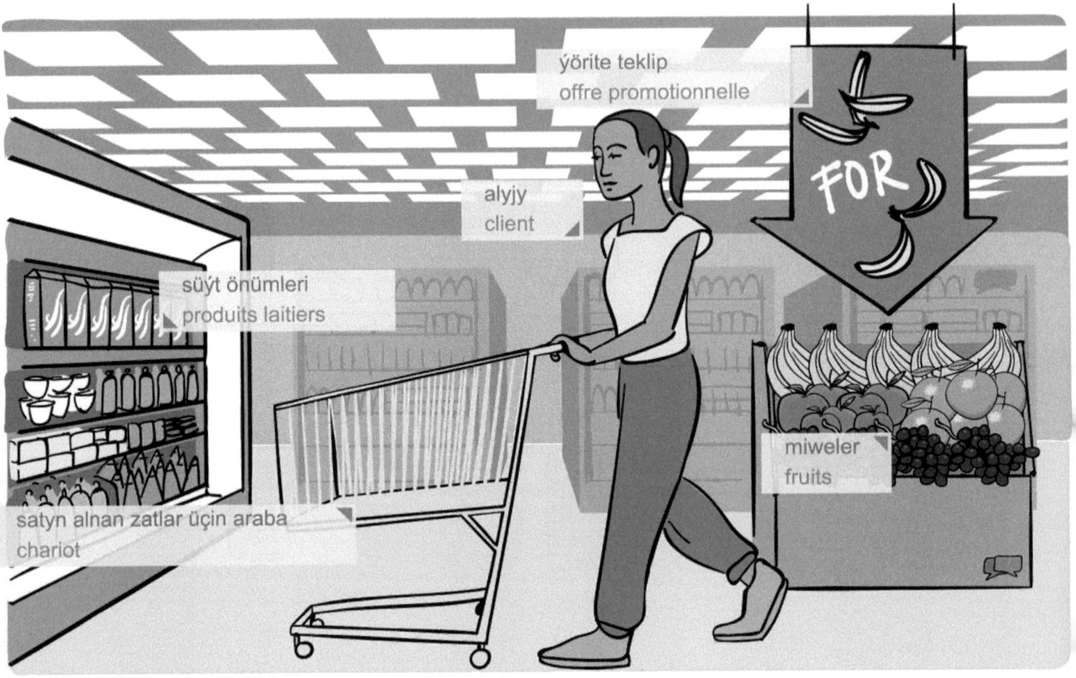

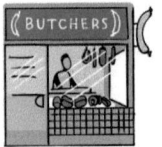

et dükany

boucherie

BAKERY

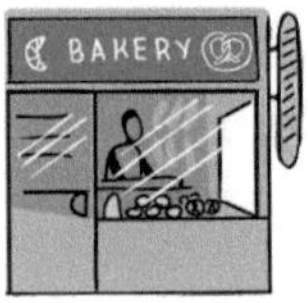

çörek kärhanasy

boulangerie

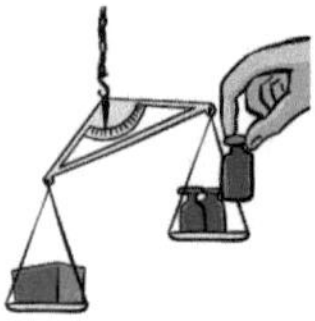

ölçemek

peser

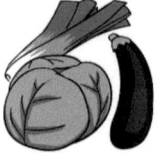

gök önümler

légumes

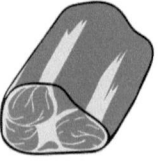

et

viande

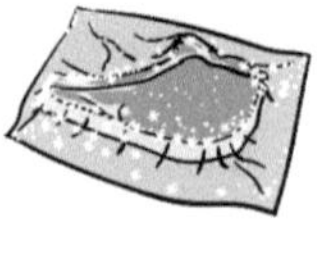

tiz doňýan önümler

aliments surgelés

kesme

charcuterie

konserwirlenen önümler

conserves

kir ýuwujy toz

poudre à lessive

süýjülikler

bonbons

öýde ulanylýan zat

articles ménagers

ýuwujy serişde

détergents

satyjy aýal

vendeuse

kassa

caisse

pulhanaçy

caissier

satyn alynmaly zatlar

liste d'achats

iş wagty

heures d'ouverture

gapjyk

portefeuille

karz karty

carte de crédit

sumka

sac

polietilen paket

sac en plastique

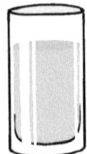

suw

eau

şire

jus de fruit

süýt

lait

koka-kola

coca

wino

vin

piwo

bière

alkogol

alcool

kakao

chocolat chaud

çaý

thé

kofe

café

espresso

expresso

kapuçino

cappuccino

banan
banane

alma
pomme

pyrtykal
orange

garpyz
melon

limon
citron

käşir
carotte

sarymsak
ail

bambuk
bambou

sogan
oignon

kömelek
champignon

hoz
noisettes

un aş
pâtes

spagetti

spaghetti

tüwi

riz

işdäaçar

salade

gowurylan ýer alma

pommes frites

gowurylan ýer alma

pommes de terre rôties

pizza

pizza

gamburger

hamburger

sendwiç

sandwich

üweme

escalope

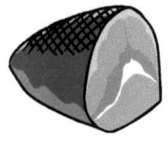

wetçina

jambon

salýami

salami

şöhlat

saucisse

towuk

poulet

gowrulyp taýýarlanýan
nahar

rôti

balyk

poisson

süle patragy

flocons d'avoine

mýusli

muesli

mekgejöwen patragy

cornflakes

un

farine

kruassan

croissant

bulka

petits-pains

çörek

pain

tost

pain grillé

köke

biscuits

ýag

beurre

dorog

le fromage blanc

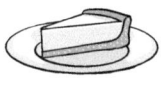

pirog

gâteau

ýumurtga

œuf

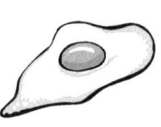

heýgenek

œuf au plat

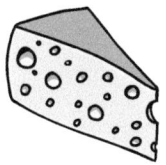

peýnir

fromage

doňdurma

glace

şeker

sucre

bal

miel

marmelad

confiture

nogully krem

crème nougat

karri

curry

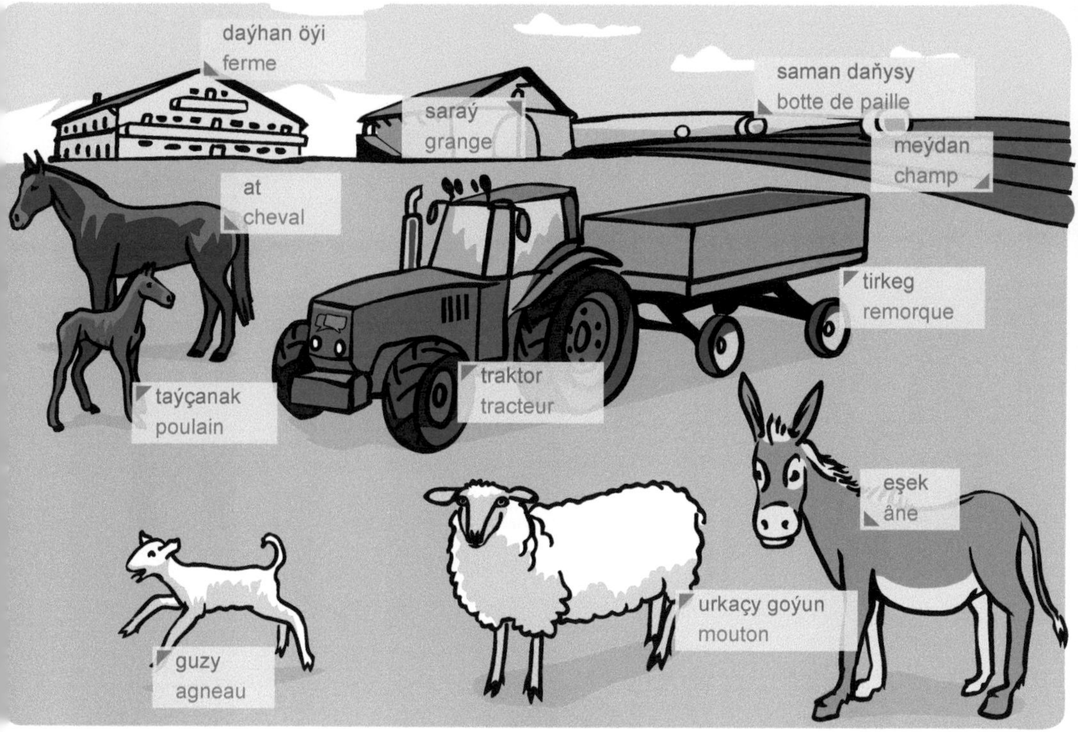

daýhan öýi
ferme

saman daňysy
botte de paille

saraý
grange

meýdan
champ

at
cheval

tirkeg
remorque

traktor
tracteur

taýçanak
poulain

eşek
âne

urkaçy goýun
mouton

guzy
agneau

geçi

chèvre

sygyr

vache

göle

veau

doňuz

porc

jojuk

porcelet

öküz

taureau

gaz

oie

ördek

canard

jüýje

poussin

towuk

poule

horaz

coq

alaka

rat

pişik

chat

syçan

souris

öküz

bœuf

it

chien

it ýatagy

chenil

bag şlangy

tuyau de jardin

guýgyç

arrosoir

orak

faucheuse

azal

charrue

orak

faucille

kätmen

pioche

dökün çarşagy

fourche

palta

hache

galtak

brouette

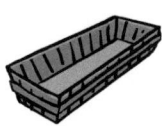

kersen

cuve

süýt üçin tüňňür

pot à lait

halta

sac

haýat

clôture

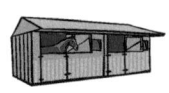

çörek

étable

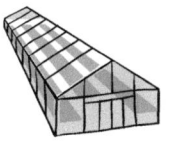

ýyladyşhana

serre

toprak

sol

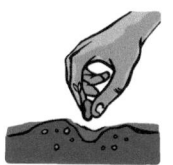

ekin

semences

dökün

engrais

kombaýn

moissonneuse-batteuse

hasyl ýygnamak
récolter

galla
récolte

ýams
igname

bugdaý
blé

soýa
soja

ýeralma
pomme de terre

mekgejöwen
maïs

raps
colza

miwe agajy
arbre fruitier

manioka
manioc

däneli ösümlikler
céréales

öý
maison

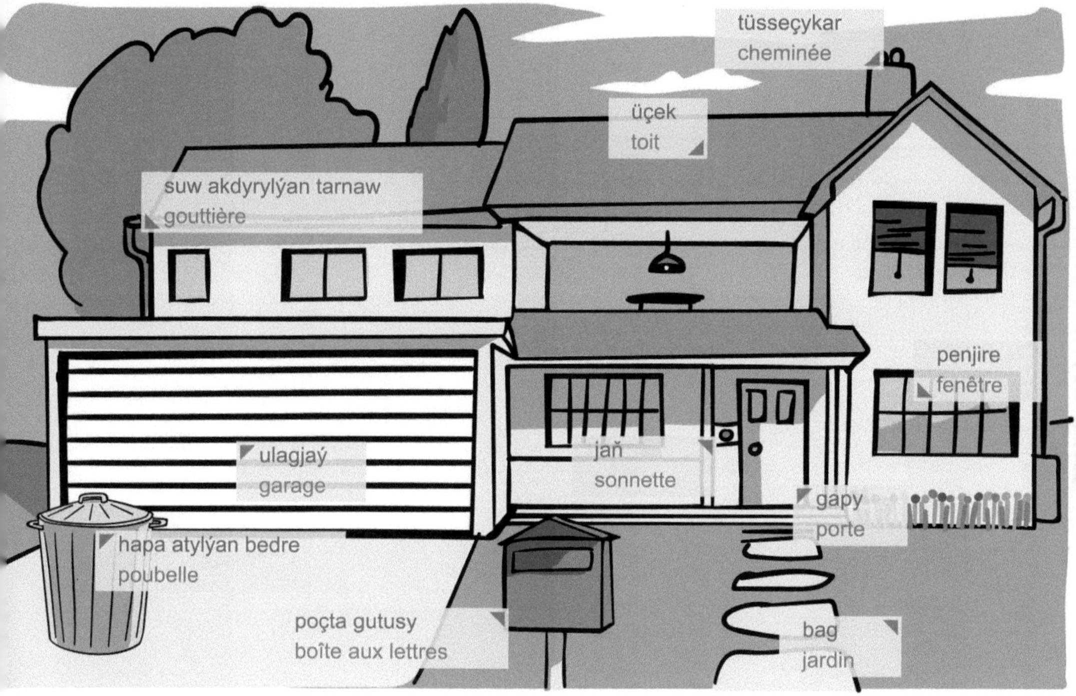

tüsseçykar
cheminée
üçek
toit
suw akdyrylýan tarnaw
gouttière
penjire
fenêtre
ulagjaý
garage
jaň
sonnette
gapy
porte
hapa atylýan bedre
poubelle
poçta gutusy
boîte aux lettres
bag
jardin

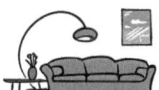

myhman otagy
salon

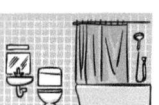

wanna otagy
salle de bain

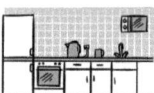

aşhana
cuisine

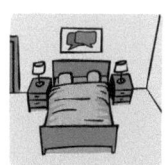

ýatalga otagy
chambre à coucher

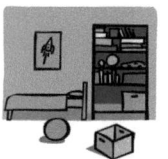

çaga otagy
chambre d'enfant

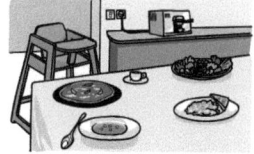

naharhana
salle à manger

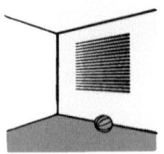

pol

sol

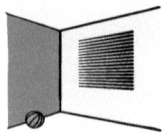

diwar

mur

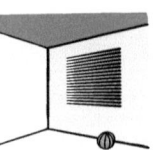

potolok

plafond

ýerzemin

cave

hamam

sauna

balkon

balcon

eýwan

terrasse

howdan

piscine

gazon orujy

tondeuse à gazon

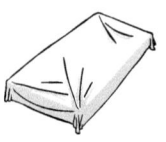

ýorgan daşlygy

housse

örtgi

couette

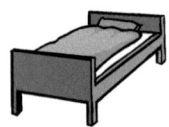

ýatakça

lit

sübse

balai

bedre

sceau

öçüriji

interrupteur

myhman otagy
salon

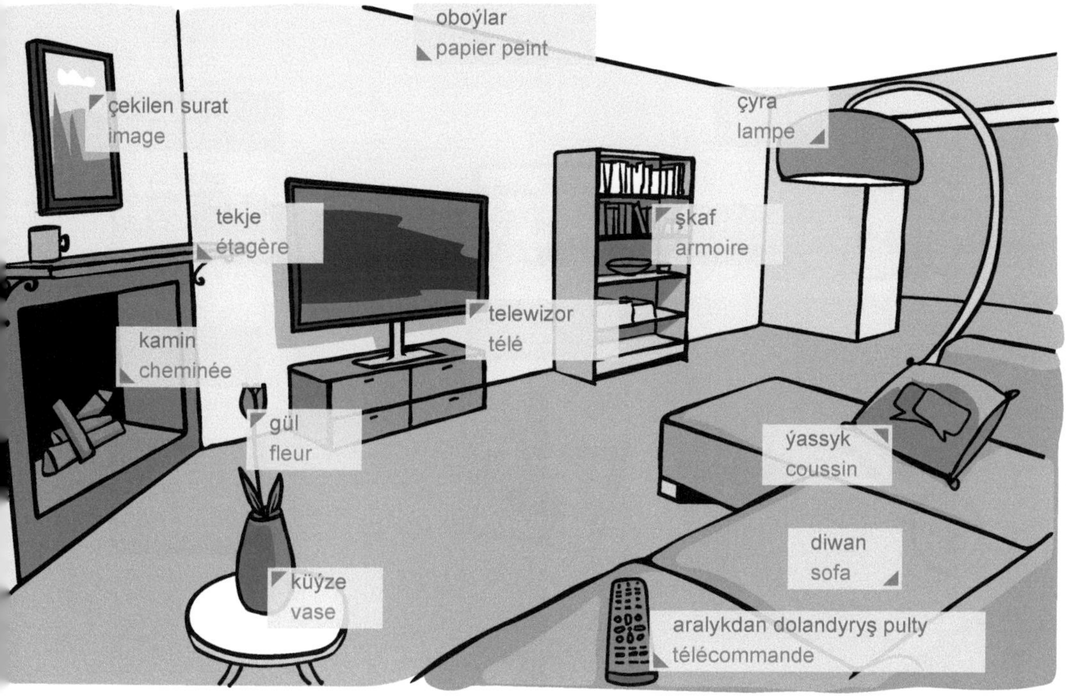

oboýlar
papier peint
çekilen surat
image
çyra
lampe
tekje
étagère
şkaf
armoire
telewizor
télé
kamin
cheminée
gül
fleur
ýassyk
coussin
diwan
sofa
küýze
vase
aralykdan dolandyryş pulty
télécommande

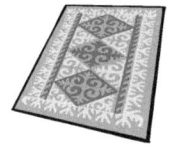

haly
tapis

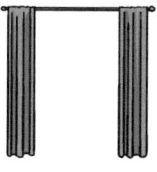

tuty
rideau

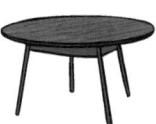

stol
table

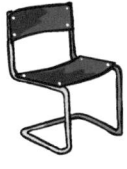

oturgyç
chaise

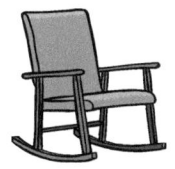

öňe-yza gaýdýan kürsi
chaise à bascule

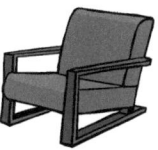

kürsi
fauteuil

kitap

livre

örtgi

couverture

bezeg

décoration

odun

bois de chauffage

film

film

stereo ulgam

chaîne hi-fi

açar

clé

gazet

journal

surat

peinture

ündewsurat

poster

radio

radio

bloknot

bloc-notes

tozan sorujy

aspirateur

kaktus

cactus

şem

bougie

aşhana
cuisine

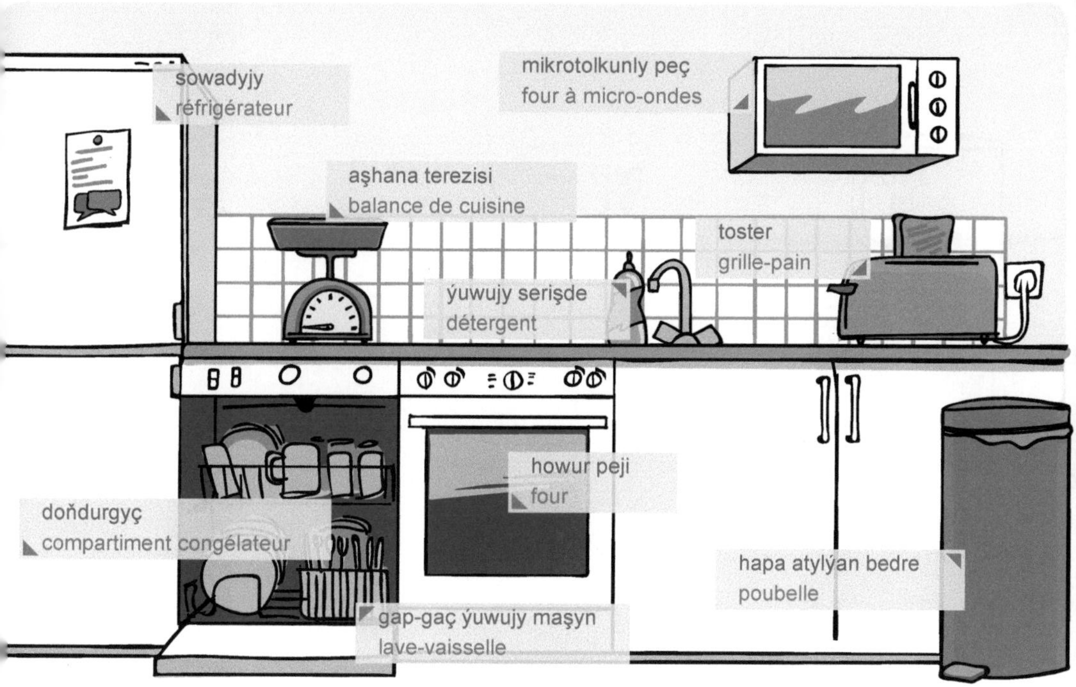
sowadyjy
réfrigérateur
mikrotolkunly peç
four à micro-ondes
aşhana terezisi
balance de cuisine
toster
grille-pain
ýuwujy serişde
détergent
howur peji
four
doňdurgyç
compartiment congélateur
hapa atylýan bedre
poubelle
gap-gaç ýuwujy maşyn
lave-vaisselle

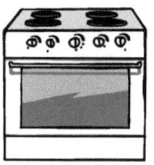

plita
four

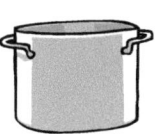

piti
casserole

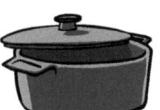

çoýun gazany
marmite

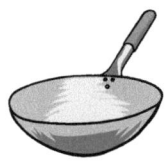

wok / kadaý
wok / kadai

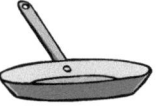

saç
poêle

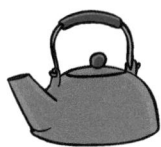

çäýnek, kitir
bouilloire electrique

bugda bişiriji

cuiseur vapeur

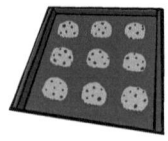

protiwen

plaque de cuisson

gap-gaç

vaisselle

kürşge

gobelet

jam

coupe

nahar iýilýän taýajyklar

baguettes

susak

louche

piljagaz

spatule

ýaýylýan maşyn

fouet

elek

passoire

elek

tamis

gyrgyç

râpe

soky

mortier

gril

barbecue

ot

cheminée

tagta
planche à découper

oklaw
rouleau à pâtisserie

ştopor
tire-bouchon

tüneke banka
boîte

konserwa pyçagy
ouvre-boîte

tutguç
maniques

rakowina
lavabo

çotga
brosse

gubka
éponge

mikser
mixeur

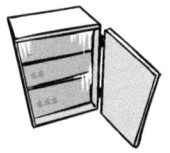

doňdurma kamerasy
congélateur

çagany iýmitlendirmek üçin
çüýşejik
biberon

kran
robinet

wanna otagy
salle de bain

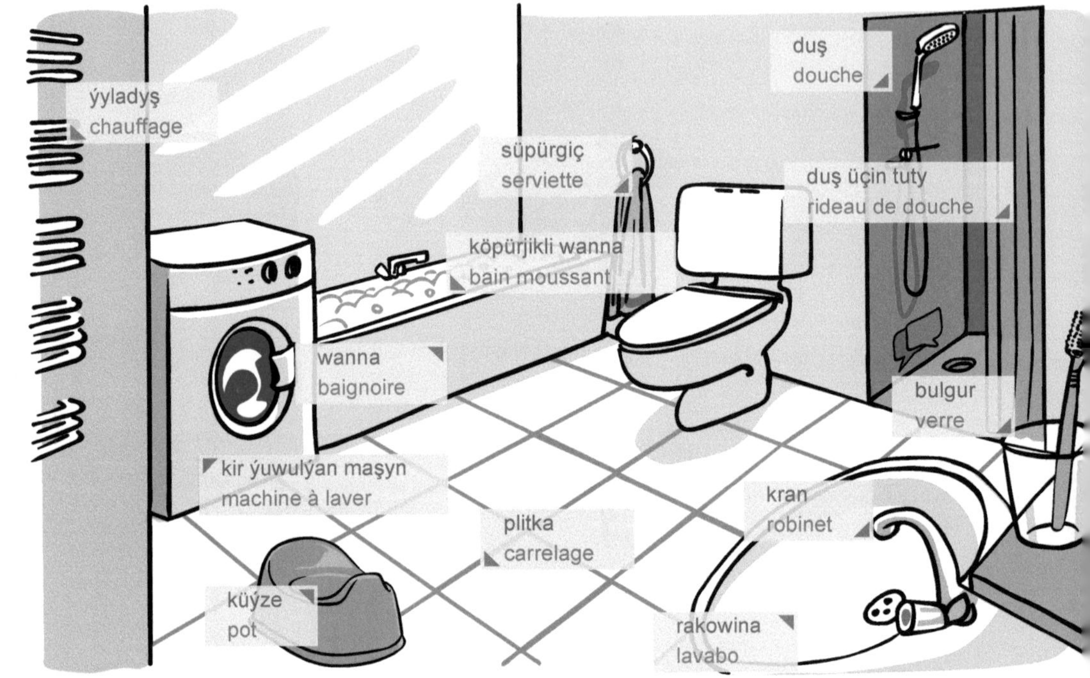

ýyladyş
chauffage

duş
douche

süpürgiç
serviette

duş üçin tuty
rideau de douche

köpürjikli wanna
bain moussant

wanna
baignoire

bulgur
verre

kir ýuwulýan maşyn
machine à laver

kran
robinet

plitka
carrelage

küýze
pot

rakowina
lavabo

hajathana

toilettes

polda oturdylýan unitaz

toilette à la turque

bide

bidet

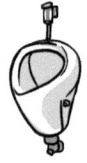

pissuar

urinoir

hajathana kagyzy

papier toilette

hajathana çotgasy

brosse à toilette

diş çotgasy

brosse à dents

diş pastasy

dentifrice

diş sapagy

fil dentaire

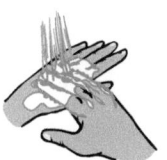

ýuwmak

laver

el duşy

douche manuelle

şahsy duş

douche intime

legen

vasque

arka üçin çotga

brosse dorsale

sabyn

savon

duş üçin gel

gel douche

şampun

shampooing

moçalka

gant de toilette

akyş

écoulement

krem

crème

dezodorant

déodorant

aýna

miroir

el aýnasy

miroir cosmétique

päki

rasoir

sakgal syrmak üçin köpürjik

mousse à raser

sakgal syrylanyndan soňky losýon

après-rasage

darak

peigne

çotga

brosse

fen

sèche-cheveux

saç üçin lak

laque pour cheveux

kosmetika

fond de teint

dodaga çalynýan reňk

rouge à lèvres

dyrnaga çalynýan reňk

vernis à ongles

pamyk

ouate

manikýur gaýçysy

coupe-ongles

atyr

parfum

kosmetika üçin gutujyk

trousse de toilette

oturgyç

tabouret

terezi

pèse-personne

halat

peignoir

rezin ellik

gants de nettoyage

tampon

tampon

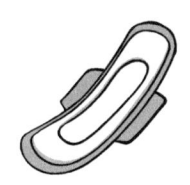

gigiýena prokladkasy

serviettes hygiéniques

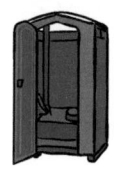

biohajathana

toilette chimique

çaga otagy
chambre d'enfant

oýaryjy
réveil
ýumşak oýnawaç
doudou
oýnawaç awtoulag
voiture jouet
şakyrdawukly oýnawaç
hochet
gurjak öýi
maison de poupée
sowgat
cadeau

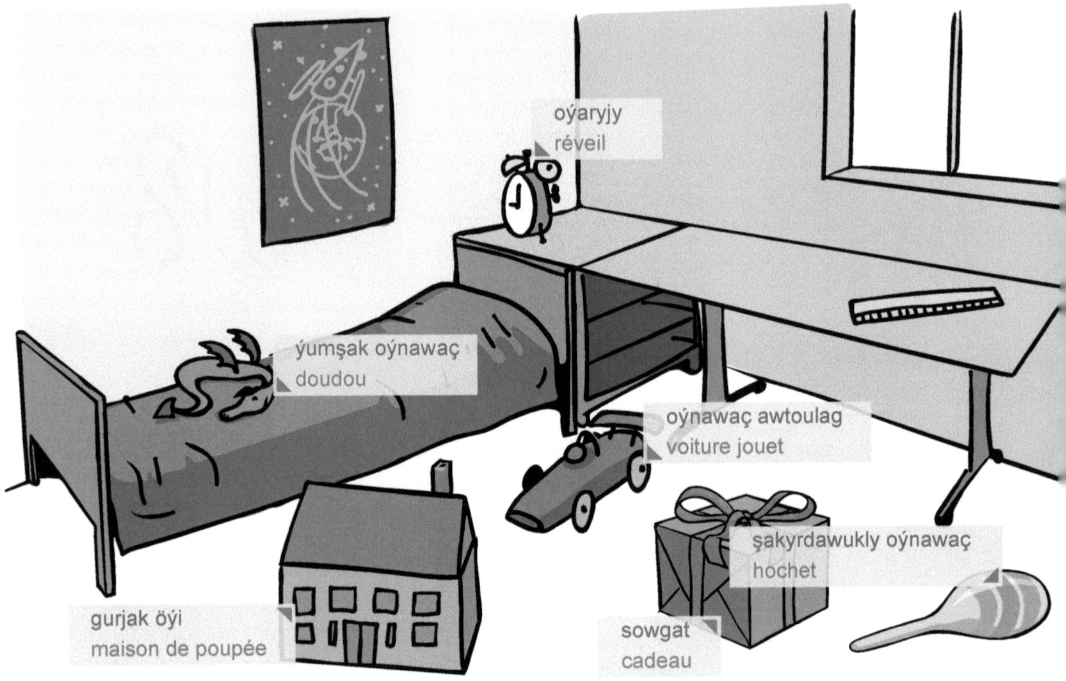

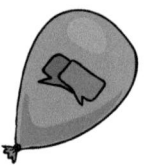

howaly şar

ballon

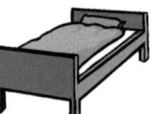

ýatakça

lit

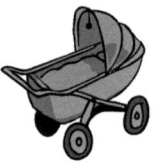

çaga arabasy

poussette

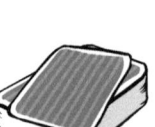

kart oýny

jeu de cartes

pazl

puzzle

SUPER
MEGA

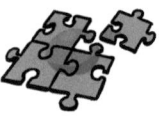

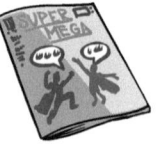

komiks

bande dessinée

Lego kerpiçleri

pièces lego

kubikler

blocs de construction

oýnawaç şekil

figurine

çagalar üçin joraply balak

grenouillère

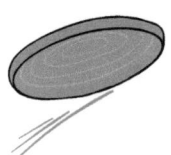

frisbi

frisbee

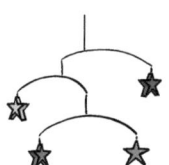

mobile

mobile

stolüsti oýun

jeu de société

kubik

dé

demir ýolunyň modeli

train miniature

soska

sucette

şagalaň

fête

şekilli kitap

livre d'images

top

balle

gurjak

poupée

oýnamak

jouer

çäge aýmança

bac à sable

hiňňildik

balançoire

oýnawaç

jouets

oýun pristawkasy

console de jeu

üç tigirli welosiped

tricycle

plýuşadan aýyjyk

ours en peluche

egin-eşik üçin şkaf

armoire

egin-eşik

vêtements

jorap

chaussettes

çulki

bas

kolgotka

collant

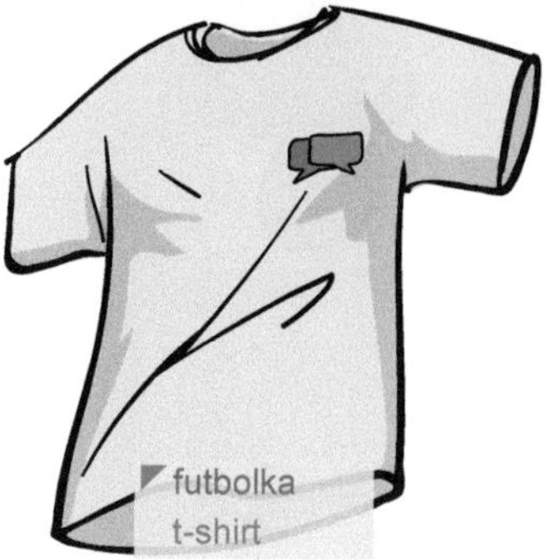

şarf
écharpe

kemer
ceinture

saýawan
parapluie

futbolka
t-shirt

krossowka
baskets

ädik
bottes

öý şypbygy
pantoufles

sandaliýa
....
sandales

aýakgap
....
chaussures

rezin ädik
....
bottes de caoutchouc

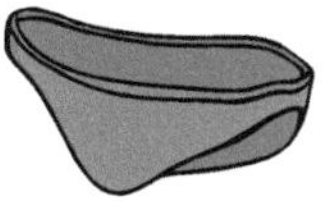

türsük
....
sous-vêtements

göwüslik
....
soutien-gorge

maýka
....
maillot de corps

bodi

body

jalbar

pantalon

jins

jean

ýubka

jupe

bluzka

chemisier

köýnek

chemise

switer

pull

switer

sweat à capuche

sport keltekçesi

veste

žaket

veste

palto

manteau

plaş

imperméable

kostýum

costume

köýnek

robe

toý köýnegi

robe de mariée

erkek üçin kostýum

costume

ýatyş köýnegi

chemise de nuit

pižama

pyjama

sari

sari

ýaglyk

foulard

selle

turban

perenji

burqa

kaftan

caftan

abaýa

abaya

suwa düşmek üçin lybas

maillot de bain

plawki

maillot de bain

şorty

short

sport lybasy

tenue d'entraînement

öňlük

tablier

ellik

gants

ilik

bouton

äýnek

lunettes

bilezik

bracelet

zynjyr

collier

ýüzük

bague

syrga

boucle d'oreille

papak

bonnet

geýim asgyç

cintre

şlýapa

chapeau

galstuk

cravate

syrma

fermeture éclair

şlem

casque

egnaşyr kemer

bretelles

mekdep lybasy

uniforme scolaire

lybas

uniforme

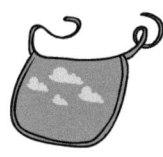

çaga döşlügi

bavoir

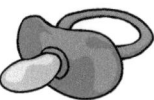

soska

sucette

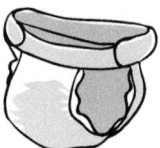

arlyk

lange

ofis

bureau

serwer
serveur
kanselýariýa şkafy
armoire d'archivage
kagyz
papier
printer
imprimante
monitor
écran
syçanjyk
souris
ýazuw stoly
bureau
papka
classeur
klawiatura
clavier
kagyz üçin sebet
corbeille à papier
kompýuter
ordinateur
oturgyç
chaise

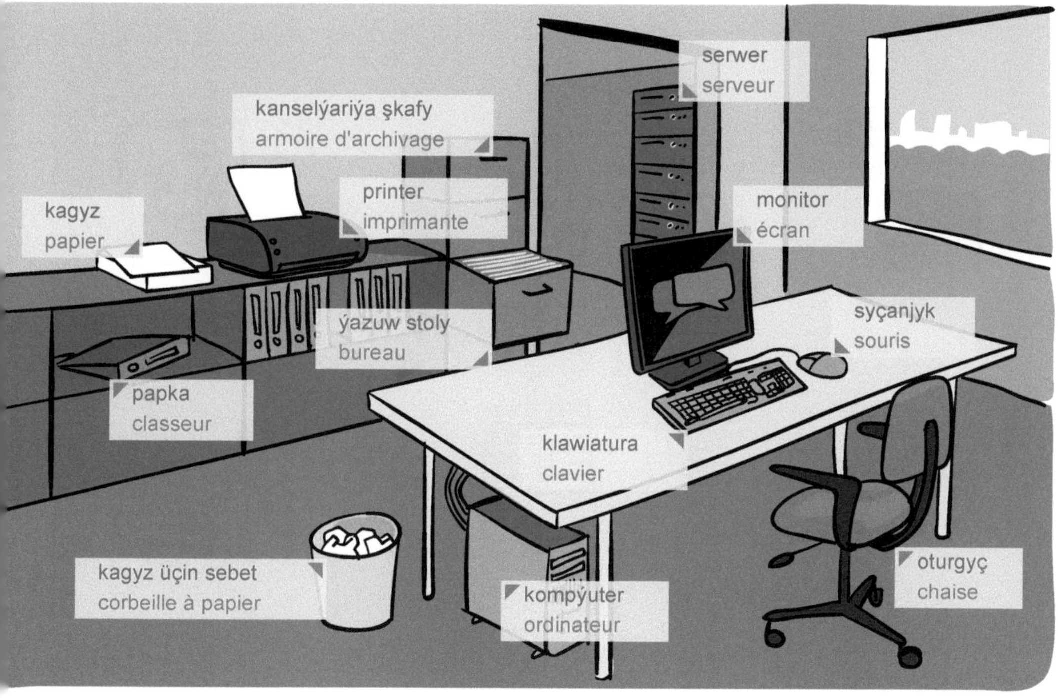

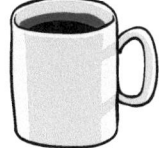

kofe kružkasy

tasse de café

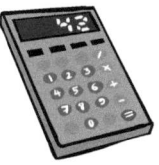

kalkulýator

calculatrice

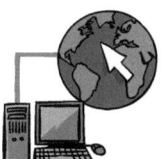

internet

internet

noutbuk

ordinateur portable

hat

lettre

habar

message

öýjükli telefon

portable

tor

réseau

kseroks

photocopieuse

programma

logiciel

telefon

téléphone

rozetka

prise

faks

fax

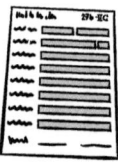

formulýar

formulaire

resminama

document

satyn almak

acheter

tölemek

payer

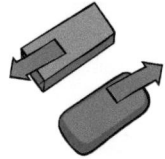

söwda etmek

faire du commerce

pul

monnaie

dollar

dollar

ýewro

euro

iena

yen

rubl

rouble

frank

franc suisse

ženminbi ýuan

renminbi yuan

rupiýa

roupie

bankomat

distributeur automatique

walýuta çalyşmak üçin bent

bureau de change

altyn

or

kümüş

argent

nebit

pétrole

energiýa

énergie

baha

prix

şertnama

contrat

salgyt

taxe

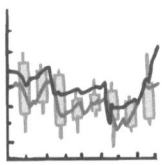

paýnama

action

işlemek

travailler

gullukçy

employé

iş beriji

employeur

fabrik

usine

dükan

magasin

milisiýanyň işgäri
agent de police

ýangyn södüriji
pompier

aşpez
cuisinier

lukman
médecin

uçarman
pilote

bagban

jardinier

agaç ussasy

menuisier

tikinçi

couturière

kazy

juge

himik

chimiste

aktýor

acteur

awtobus sürüjisi

conducteur de bus

taksiçi

chauffeur de taxi

balykçy

pêcheur

tam süpüriji

femme de ménage

üçek basyrýan ussa

couvreur

ofisiant

serveur

awçy

chasseur

suratçy

peintre

çörekçi

boulanger

elektrik

électricien

gurluşykçy

ouvrier

inžener

ingénieur

gassap

boucher

santehnik

plombier

hatçy

facteur

esger

soldat

binagär

architecte

pulhanaçy

caissier

floraçy

fleuriste

dellekçi

coiffeur

konduktor

contrôleur

mehanik

mécanicien

kapitan

capitaine

diş lukmany

dentiste

alym

scientifique

rawwin

rabbin

imam

imam

monah

moine

ruhany

prêtre

gurallar
outils

çekiç
marteau
ýasy agyzly atagzy
pinces
otwýortka
tournevis
gaýka açary
clé
jübü çyrasy
torche

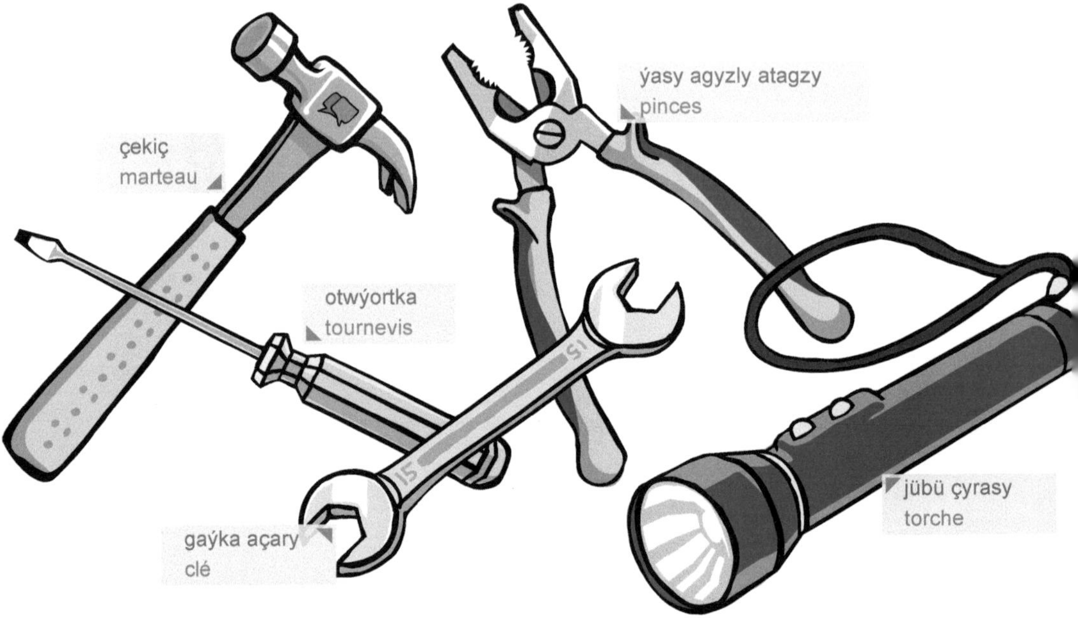

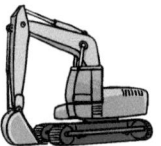

ekskawator

pelleteuse

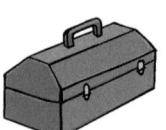

gurallar üçin gap

boîte à outils

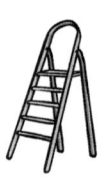

merdiwan

échelle

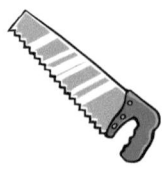

byçgy

scie

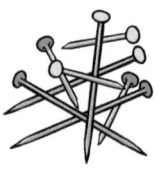

çüýler

clous

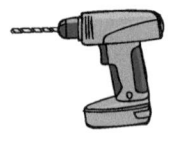

drel

perceuse

abatlamak

réparer

pil

pelle

Bolmandyr!

Mince !

susguç

pelle

boýagly bedre

pot de peinture

nurbatlar

vis

saz gurallary
instruments de musique

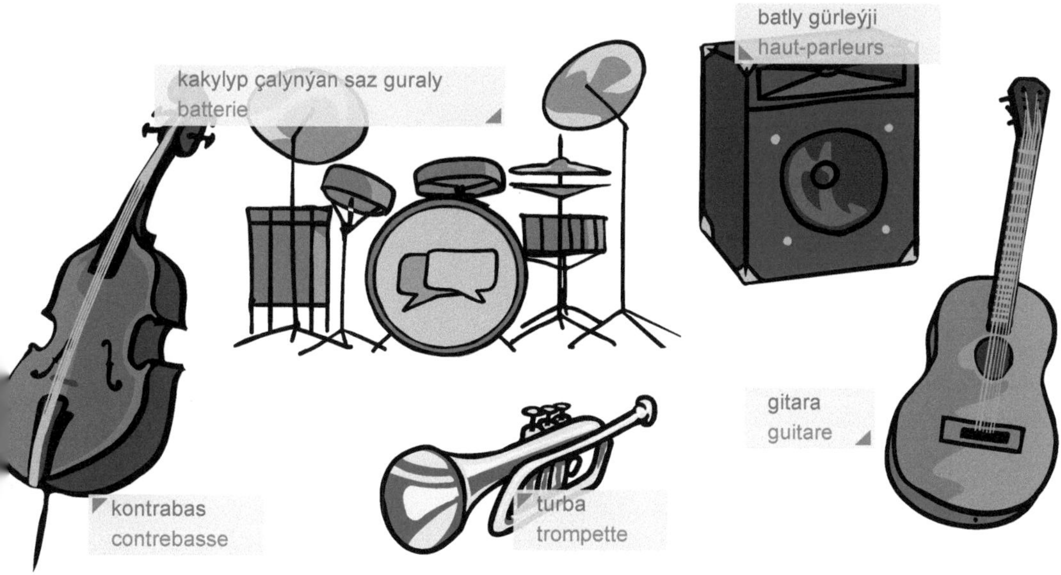

kakylyp çalynýan saz guraly
batterie

batly gürleýji
haut-parleurs

gitara
guitare

kontrabas
contrebasse

turba
trompette

pianino

piano

skripka

violon

bas-gitara

basse

nagara

timbales

deprek

tambour

sintezator

piano électrique

saksafon

saxophone

fleýta

flûte

mikrofon

microphone

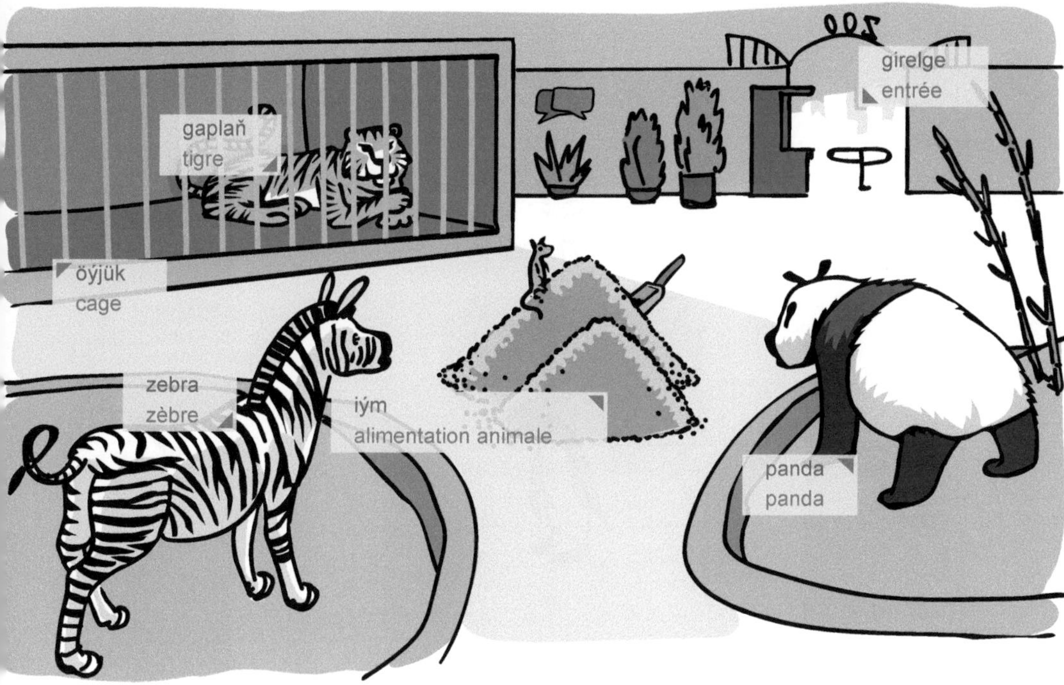

girelge
entrée

gaplaň
tigre

öýjük
cage

zebra
zèbre

iým
alimentation animale

panda
panda

haýwanlar

animaux

pil

éléphant

kenguru

kangourou

nosorog

rhinocéros

gorilla

gorille

aýy

ours

düýe

chameau

düýeguş

autruche

ýolbars

lion

maýmyn

singe

gyzylinjik

flamand rose

hindiguş

perroquet

ak aýy

ours polaire

pingwin

pingouin

akula

requin

tawus

paon

ýylan

serpent

krokodil

crocodile

haýwanat bagynyň
gullukçysy

gardien de zoo

düwlen

phoque

ýaguar

jaguar

poni
poney

gaplaň
léopard

begemot
hippopotame

žiraf
girafe

bürgüt
aigle

ýekegapan
sanglier

balyk
poisson

pyşbaga
tortue

suwpişik
morse

tilki
renard

jeren
gazelle

amerikan
american Football

tigir sürmek
cyclisme

tennis
tennis

basketbol
basket-ball

ýüzme
natation

boks
boxe

hokkeý
hockey sur glace

futbol
football

badminton
badminton

ýeňil atletika
athlétisme

gandbol
handball

lyža sporty
ski

polo
polo

hereket
activités

bökmek
sauter
gujaklamak
embrasser
gülmek
rire
gitmek
marcher
aýdym aýtmak
chanter
arzuw etmek
rêver
dilemek
prier
öpmek
faire la bise

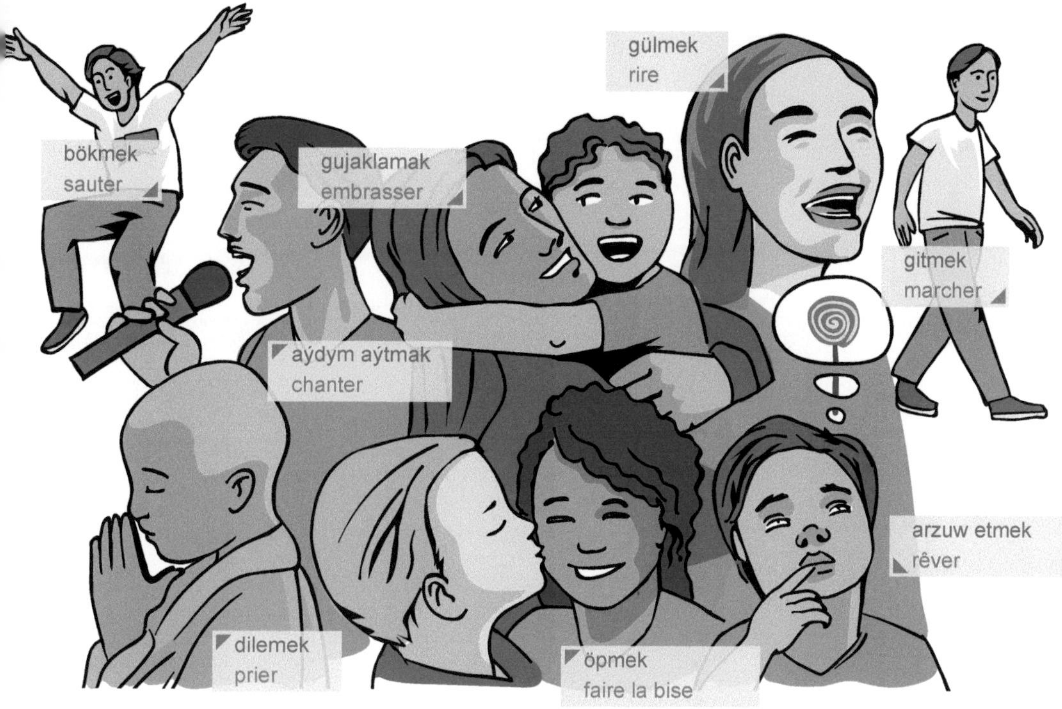

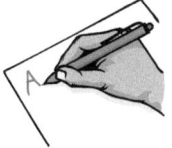

ýazmak

écrire

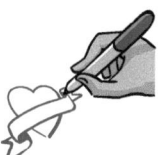

surat çekmek

dessiner

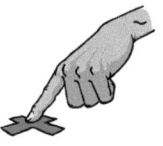

görkezmek

montrer

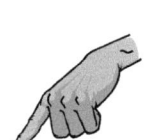

basmak

pousser

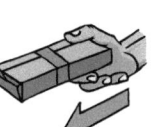

bermek

donner

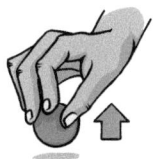

almak

prendre

eýe bolmak

avoir

etmek

faire

bolmak

être

durmak

être debout

ylgamak

courir

çekmek

trier

taşlamak

jeter

gaçmak

tomber

ýatmak

être couché

garaşmak

attendre

götermek

porter

oturmak

être assis

geýmek

s'habiller

ýatmak

dormir

oýanmak

se réveiller

görmek

regarder

aglamak

pleurer

sypalamak

caresser

daramak

peigner

gürlemek

parler

düşünmek

comprendre

soramak

demander

diñlemek

écouter

içmek

boire

iýmek

manger

tertipleşdirmek

ranger

söýmek

aimer

taýýarlmak

cuire

gitmek

conduire

uçmak

voler

ýelkeni ýaýyp gitmek

faire de la voile

hasaplamak

calculer

okamak

lire

okamak

apprendre

işlemek

travailler

nikalaşmak

se marier

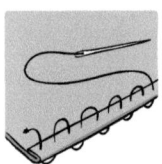

dikmek

coudre

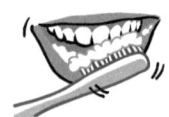

dişiňi arassalamak

brosser les dents

öldürmek

tuer

çilim çekmek

fumer

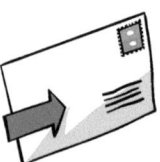

ugratmak

envoyer

maşgala
famille

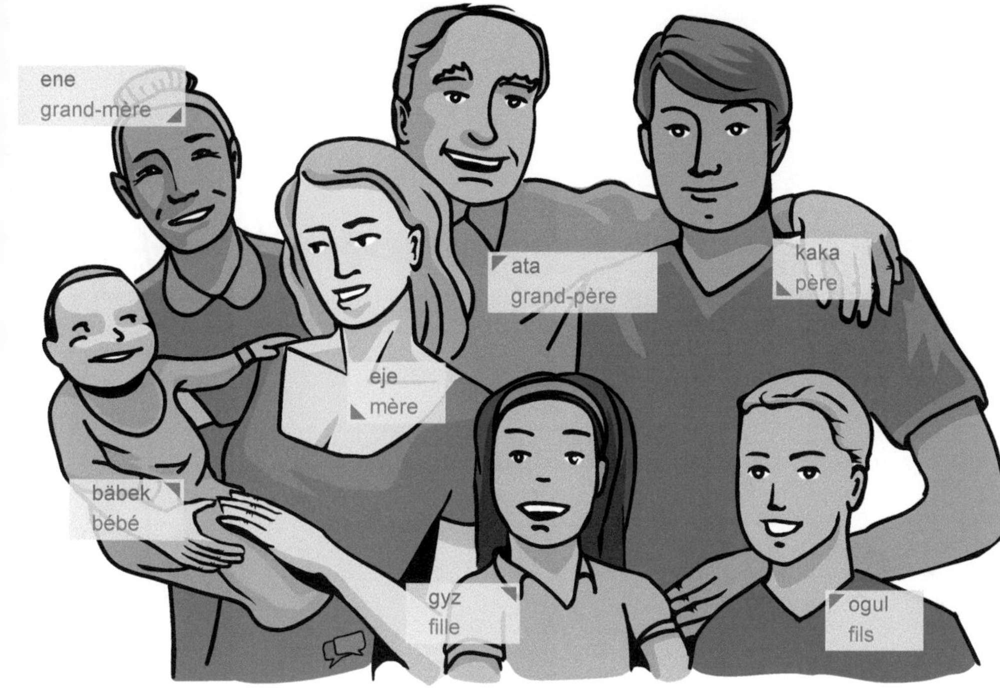
ene
grand-mère
ata
grand-père
kaka
père
eje
mère
bäbek
bébé
gyz
fille
ogul
fils

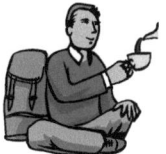

myhman

hôte

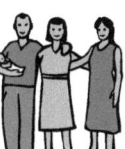

daýza

tante

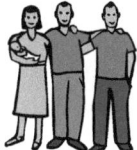

daýy

oncle

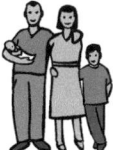

aga

frère

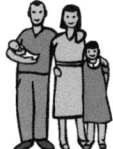

uýa

sœur

ten

corps

maňlaý
front
göz
œil
egin
épaule
barmak
doigt
ýüz
visage
äň
menton
penje
main
aýak
jambe
döş
poitrine
el
bras

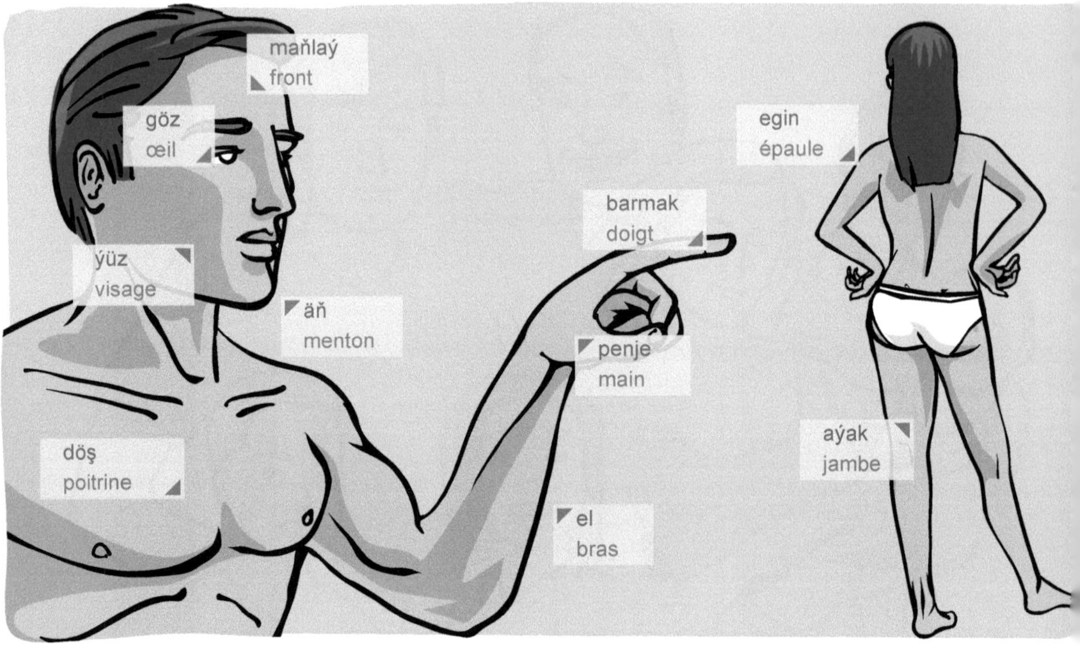

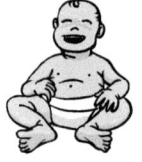

bäbek

bébé

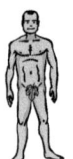

erkek

homme

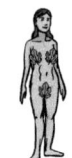

aýal

femme

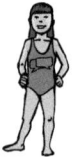

gyz

fille

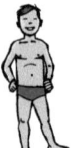

oglan

garçon

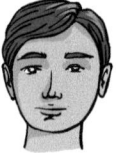

kelle

tête

arka

dos

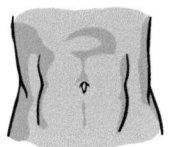

garyn

ventre

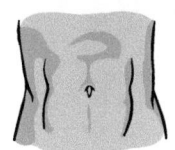

göbek

nombril

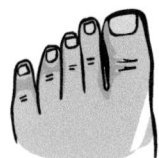

aýak barmagy

orteil

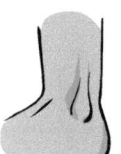

ökje

talon

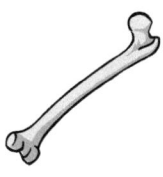

süňk

os

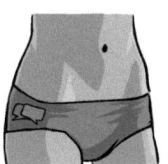

but

hanche

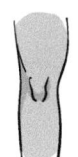

dyz

genou

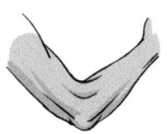

tirsek

coude

burun

nez

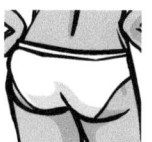

ýanbaş

fesses

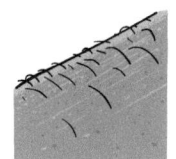

deri

peau

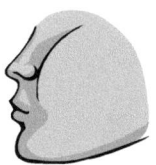

ýaňak

joue

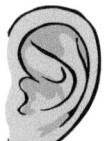

gulak

oreille

dodak

lèvre

agyz

bouche

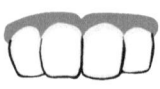

diş

dent

dil

langue

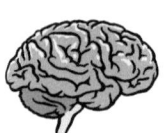

beýni

cerveau

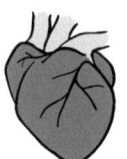

ýürek

cœur

myşsa

muscle

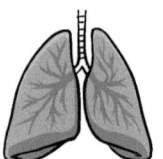

öýken

poumons

bagyr

foie

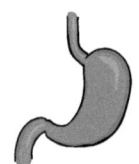

aşgazan

estomac

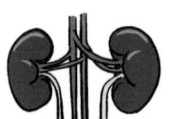

böwrek

reins

jyns ýakynlygy

rapport sexuel

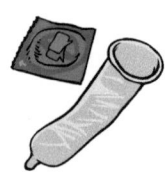

prezerwatiw

préservatif

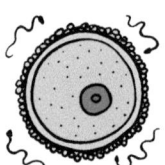

erkeklik jyns öýjügi

ovule

tohumlyk

sperme

göwrelilik

grossesse

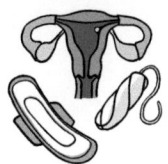

bil açylma
....
menstruation

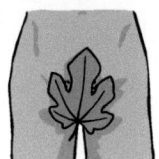

wagina
....
vagin

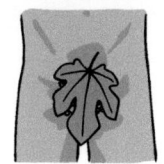

erkek jyns agzasy
....
pénis

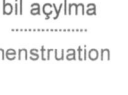

gaş
....
sourcil

saç
....
cheveux

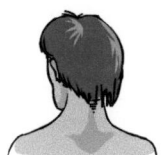

boýun
....
cou

hassahana
hôpital

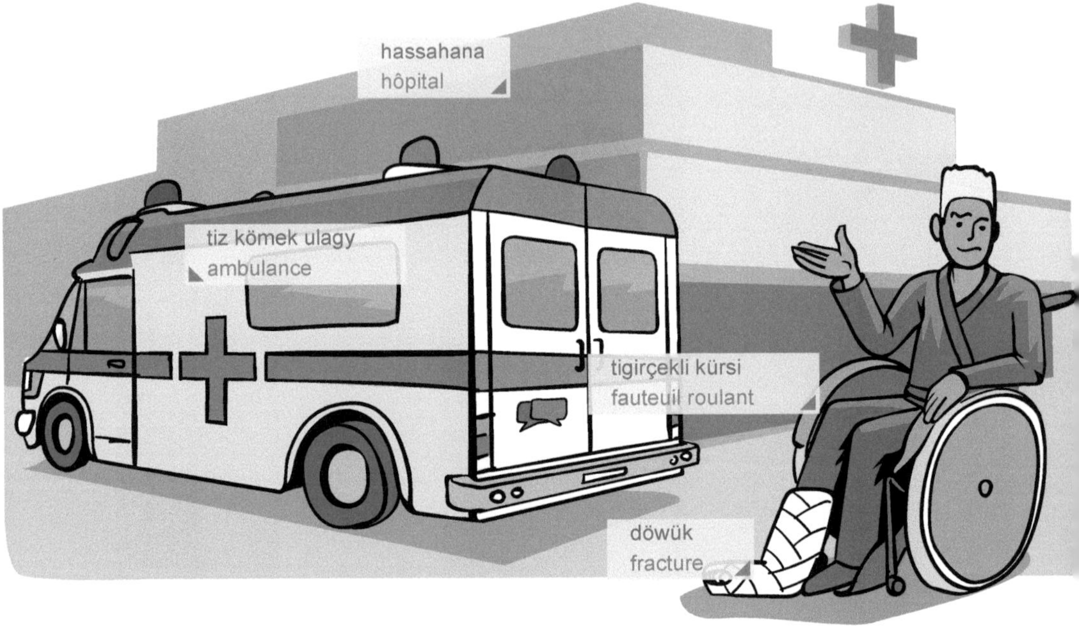

hassahana
hôpital
tiz kömek ulagy
ambulance
tigirçekli kürsi
fauteuil roulant
döwük
fracture

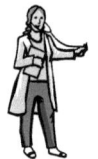

lukman
médecin

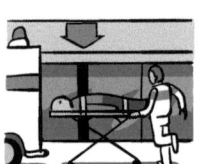

ilkinji kömek nokady
service des urgences

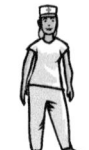

şepagat uýasy
infirmière

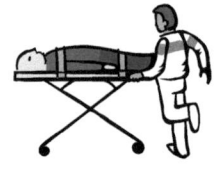

gaýragoýulmasyz ýagdaý
urgence

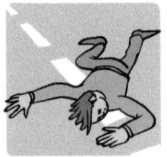

özüni bilmän
inconscient

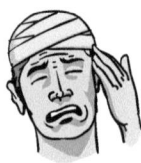

agyry
douleur

zeper ýetme

blessure

gan akmasy

hémorragie

infarkt

crise cardiaque

insult

attaque cérébrale

allergiýa

allergie

üsgülik

toux

ýokarlanan temperatura

fièvre

dümew

grippe

içgeçme

diarrhée

kelle agyrysy

mal de tête

rak

cancer

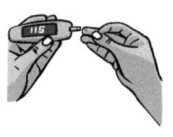

diabet

diabète

hirurg

chirurgien

skalpel

scalpel

operasiýa

opération

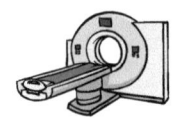

iýmit siňdirýän ortlaryň jemi

CT

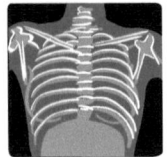

rentgen

radiographie

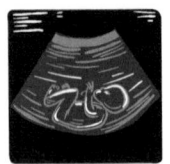

ultrases

échographie

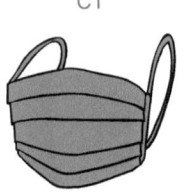

maska

masque

kesel

maladie

kabulhana

salle d'attente

pişek

béquille

plastyr

pansement

bint

pansement

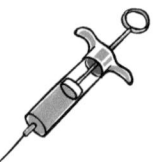

sanjym

injection

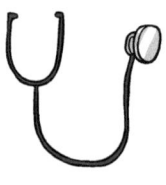

stetoskop

stéthoscope

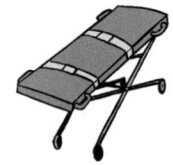

zemmer

brancard

termometr

thermomètre

dogluş

accouchement

artykmaç agram

surcharge pondérale

eşidiş abzaly

appareil auditif

zyýansyzlandyryjy serişde

désinfectant

ýokanç

infection

wirus

virus

WIÇ/ AIDS

VIH / sida

derman

médicament

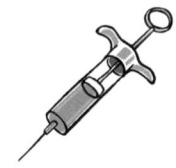

öňüni alyş sanjymy

vaccination

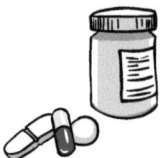

gerdejikler

comprimés

göwreli bolmakdan goraýan gerdejik

pilule

gaýragoýulmasyz çagyryş

appel d'urgence

gan basyşyny ölçeýji abzal

tensiomètre

näsag / sagdyn

malade / sain

Kömek ediň!

Au secours !

çozuş

assaut

hüjüm

attaque

howp

danger

ätiýaçlyk çykalgasy

sortie de secours

howsala signaly

alarme

ot söndürijisi

extincteur

betbagtçylykly ýagdaý

accident

Ýangyn!

Au feu!

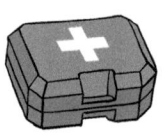

derman gutujygy

trousse de premier secours

SOS

SOS

milisiýa

police

Ýewropa

Europe

Demirgazyk Amerika

Amérique du Nord

Günorta Amerika

Amérique du Sud

Afrika

Afrique

Aziýa

Asie

Awstraliýa

Australie

Atlantika ummany

Océan atlantique

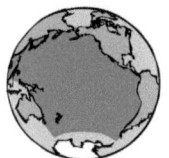

Ýuwaş umman

Océan pacifique

Hindi ummany

Océan indien

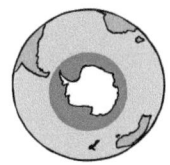

Antarktika ummany

Océan antarctique

Demirgazyk Buzly umman

Océan arctique

Demirgazyk polýusy

pôle nord

Günorta polýusy

pôle sud

Antarktida

Antarctique

zemin

terre

gury ýer

pays

deňiz

mer

ada

île

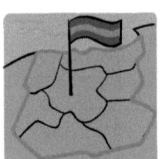

millet

nation

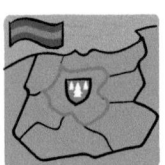

döwlet

état

siferblat

cadran

sagadyň dili

aiguille des heures

minut görkezýän dil

aiguille des minutes

sekundy görkezýän dil

aiguille des secondes

sagat näçe?

Quelle heure est-il ?

gün

jour

wagt

temps

häzir

maintenant

elektron sagady

montre digitale

minut

minute

sagat

heure

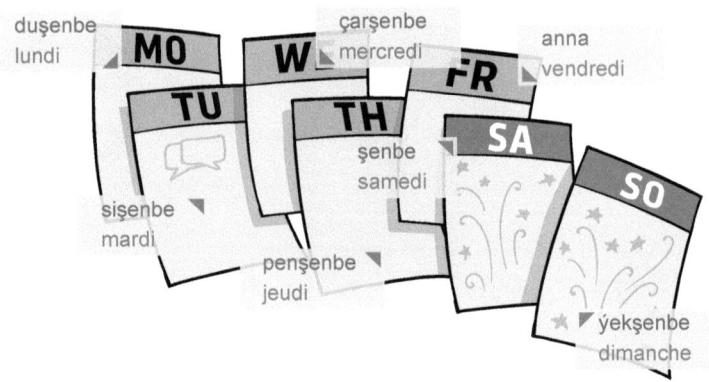

duşenbe
lundi

çarşenbe
mercredi

anna
vendredi

sişenbe
mardi

şenbe
samedi

penşenbe
jeudi

ýekşenbe
dimanche

düýn
....
hier

şu gün
....
aujourd'hui

ertir
....
demain

säher
....
matin

günortan
....
midi

agşamlyk
....
soir

MO	TU	WE	TH	FR	SA	SU
1	2	3	4	5	6	7
8	9	10	11	12	13	14
15	16	17	18	19	20	21
22	23	24	25	26	27	28
29	30	31	1	2	3	4

iş günler
....
jours ouvrables

MO	TU	WE	TH	FR	SA	SU
1	2	3	4	5	6	7
8	9	10	11	12	13	14
15	16	17	18	19	20	21
22	23	24	25	26	27	28
29	30	31	1	2	3	4

dynç günler
....
week-end

ýagyş
pluie

älemgoşar
arc-en-ciel

gar
neige

şemal
vent

ýaz
printemps

güýz
automne

tomus
été

gyş
hiver

4.APRIL	11°	☀
5.APRIL	4°	☁
6.APRIL	13°	☔
7.APRIL	8°	❄
8.APRIL	10°	☀

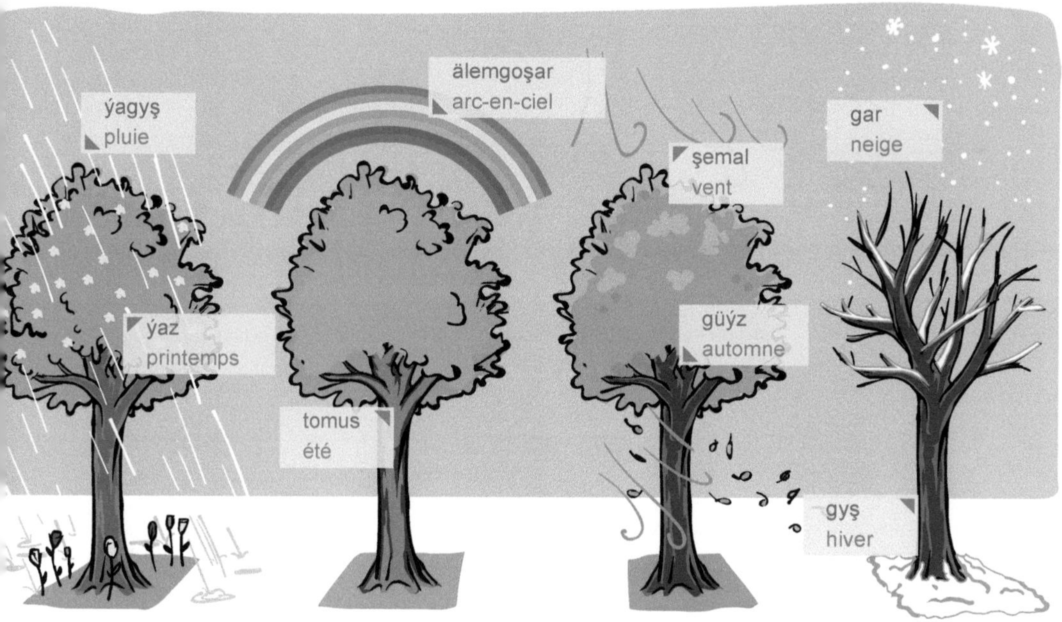

howa maglumaty

météo

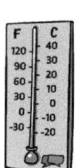

termometr

thermomètre

gün ýagtylygy

lumière du soleil

gara bulut

nuage

ümür

brouillard

howanyň çyglylygy

humidité

ýyldyrym

foudre

gök gümmürdisi

tonnerre

tupan

tempête

doly

grêle

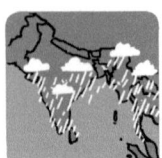

musson

mousson

suw alma

inondation

buz

glace

ýanwar

janvier

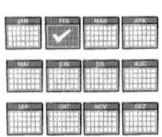

fewral

février

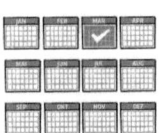

mart

mars

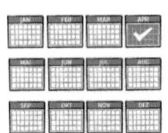

aprel

avril

maý

mai

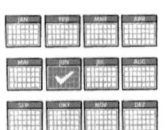

iýun

juin

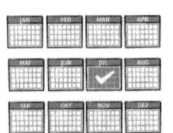

iýul

juillet

awgust

août

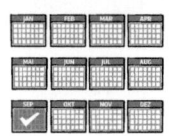

sentýabr

septembre

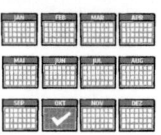

oktýabr

octobre

noýabr

novembre

dekabr

décembre

tegelek

cercle

kwadrat

carré

göniburçluk

rectangle

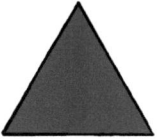

üçburçluk

triangle

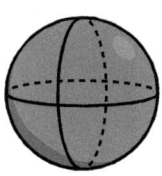

şar

sphère

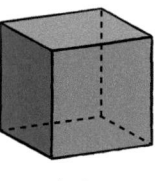

kub

cube

reňkler
couleurs

ak

blanc

sary

jaune

mämişi

orange

gülgüne

rose

gyzyl

rouge

liliýa reňkli

violet

gök

bleu

ýaşyl

vert

goňur

marron

çal

gris

gara

noir

köp / az

beaucoup / peu

gazaply / asuda

fâché / calme

owadan / betnyşan

joli / laid

başy / soňy

début / fin

uly / kiçi

grand / petit

açyk / garaňky

clair / obscure

oglan dogan / gyz dogan

frère / soeur

arassa / hapa

propre / sale

doly / doly däl

complet / incomplet

gündiz / gije

jour / nuit

jansyz / diri

mort / vivant

giň / dar

large / étroit

iýilýän / iýilmeýän
....
comestible / incomestible

gaharly / dostlukly
....
méchant / gentil

tolgunly / tukat
....
excité / ennuyé

çişik / hor
....
gros / mince

başda / soňunda
....
premier / dernier

dost / duşman
....
ami / ennemi

doly / boş
....
plein / vide

berk / ýumşak
....
dur / souple

agyr / ýeňil
....
lourd / léger

açlyk / teşnelik
....
faim / soif

näsag / sagdyn
....
malade / sain

bikanun / kanuny
....
illégal / légal

akyly / akmak
....
intelligent / stupide

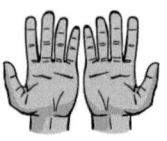

çepde / sagda
....
gauche / droite

ýakyn / daş
....
proche / loin

täze / ulanylan

nouveau / usé

hiç zat / bir zat

rien / quelque chose

garry / ýaş

vieux / jeune

ýakylan / söndürilen

marche / arrêt

açyk / ýapyk

ouvert / fermé

ýuwaş / gaty

faible / fort

baý / garyp

riche / pauvre

dogry / nädogry

correct / incorrect

büdür-südür / tekiz

rugueux / lisse

gamgyly / şatlykly

triste / heureux

gysga / uzyn

court / long

haýal / tiz

lent / rapide

öl / gury

mouillé / sec

ýyly / sowuk

chaud / froid

uruş / parahatçylyk

guerre / paix

0

nul

zéro

1

bir

un / une

2

iki

deux

3

üç

trois

4

dört

quatre

5

bäş

cinq

6

alty

six

7

ýedi

sept

8

sekiz

huit

9

dokuz

neuf

10

on

dix

11

on bir

onze

12

on iki

douze

13

on üç

treize

14

on dört

quatorze

15

on bäş

quinze

16

on alty

seize

17

on ýedi

dix-sept

18

on sekiz

dix-huit

19

on dokuz

dix-neuf

20

ýigrimi

vingt

100

ýüz

cent

1.000

müň

mille

1.000.000

million

million

iñlis

anglais

amerikan iñlis

anglais américain

mandarin hytaý

chinois mandarin

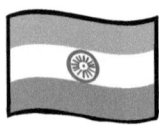

hindi

hindi

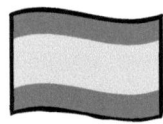

ispan

espagnol

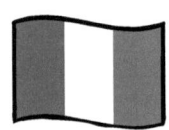

fransuz

français

arap

arabe

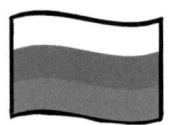

rus

russe

portugal

portugais

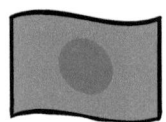

bengal

bengali

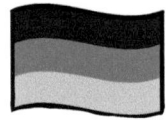

nemes

allemand

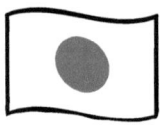

ýapon

japonais

men

je

sen

tu

ol (oglan) / ol (gyz) / ol (jansyz zat)

il / elle / ce, c', cela

biz

nous

siz

vous

olar

ils / elles

kim?

Qui ?

näme?

Quoi ?

nähili?

Comment ?

nirede?

Où ?

haçan?

Quand ?

ady

nom

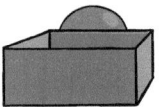

yzynda

derrière

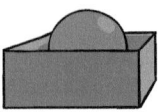

içinde

dans

öňünde

devant

bir zadyň üsti

au-dessus

üstünde

sur

aşagynda

en-dessous

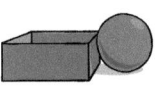

ýanynda

à côté de

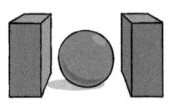

arasynda

entre

ýer

lieu